Wir basteln mit Kindern

Appel

Susanne Helmold

Wir basteln mit Kindern

Neue Ideen für ganz alltägliche Materialien

Mit Fotografien von Markus Hertrich

Ravensburger Ratgeber
im Urania Verlag

Einfache Materialien, die sich in jedem Haushalt befinden, lassen sich mit etwas Phantasie in wunderschöne, einzigartige Gegenstände verwandeln. Aus Eierkartons, Konservendosen, Marmeladengläsern, Korken, Papprollen oder Stoffresten können witzige Spielsachen, reizvolle Dekorationen und klangvolle Musikinstrumente für Kinder gearbeitet werden.
Kindern macht es viel Freude, Dinge selbst herzustellen und zu gestalten, gleich, ob für ihren eigenen Gebrauch oder zum Verschenken. Die Bastelvorschläge in diesem Buch sind für Kinder in den verschiedensten Altersstufen gedacht. Unter Aufsicht und mit Unterstützung von Erwachsenen können die hier vorgestellten Ideen anhand der Anleitungen auch von kleinen Kindern leicht nachgearbeitet werden – die Ergebnisse werden die kleinen Bastler sicherlich mit Stolz erfüllen!
Natürlich können viele der Materialien einfach durch andere ersetzt oder auch neu kombiniert werden. Nutzen Sie die Gestaltungsbeispiele als Anregung und lassen Sie eigenen kreativen Ideen freien Lauf.
Ich wünsche Ihnen viel Spaß beim Basteln!

Ihre Susanne Helmold

Haushaltsmaterialien
Die meisten der für die hier vorgestellten Modelle verarbeiteten Grundmaterialien sind in der Regel im Haushalt vorhanden.
Es lohnt sich, für Bastelarbeiten z.B. Konservendosen, Stoff-, Fell- und Wollreste, Bänder, Marmeladengläser, unterschiedliche Lebensmittelverpackungen aus Pappe, Papprollen, Margarine- und Joghurtbecher, Korken und Wäscheklammern zu sammeln.
Reinigen Sie Gläser und Dosen mit Spiritus oder Spülmittel, sodass die Oberfläche staub- und fettfrei ist.
Für das Entfernen des Konservendeckels sollten Sie einen Dosenöffner verwenden, der keine scharfen Ränder oder Unebenheiten hinterlässt.

Ton- und Fotokarton
Diese Materialien sind in unterschiedlichen Qualitäten und Farben in jedem gut sortierten Hobby-Fachgeschäft erhältlich.

Styropor
Dieser leichte Werkstoff wird in vielen verschiedenen Formen angeboten. Er lässt sich gut mit einem Bastelmesser zuschneiden und mit Acrylfarben bemalen.

Holz
Für die Holzarbeiten in diesem Buch wurde Sperrholz benutzt.
Es ist in verschiedenen Holzarten und Stärken in Baumärkten erhältlich.
Rundstäbe aus Hartholz (Buche) oder aus Weichholz (Fichte, Kiefer) finden Sie sowohl in Baumärkten wie auch im Hobby-Fachgeschäft.

Schere
Zum Schneiden von Papier, Karton oder auch dünnem Basteldraht können Sie eine normale Haushaltsschere verwenden. Für Papierarbeiten ist eine kleine spitze Schere am besten geeignet. **Kleine Kinder sollten keine scharfen und spitzen Schneidegeräte benutzen. In Kinderhände gehören nur Bastelscheren.**

Bastelmesser
Für das Zuschneiden von kleineren Teilen aus Karton und für das Schnitzen von Styropor empfiehlt sich ein Bastelmesser. Verwenden Sie dabei eine Schneidmatte als Unterlage.

Laubsäge und Schleifpapier
Mit einer Laubsäge lassen sich alle hier beschriebenen Holzarbeiten realisieren. Zeichnen Sie die gewünschte Kontur auf die Sperrholzplatte und befestigen Sie diese mit einer Schraubzwinge

an einem stabilen Tisch. Setzen Sie das Sägeblatt im rechten Winkel an der Holzkante an und führen Sie die Säge mit gleichmäßigen Auf- und Abbewegungen entlang der aufgezeichneten Linie. Vor dem Beginn einer Arbeit sollte stets ein neues Sägeblatt eingesetzt werden. Anschließend glätten Sie die Schnittkanten mit feinem Schleifpapier. Dazu ein passendes Stück Schleifpapier um einen Schleifklotz wickeln und das Holz in einer Richtung abschleifen. Alternativ können Sie auch eine feine Holzfeile benutzen. Führen Sie die Feile jedoch niemals gegen die Holzfaser, da sonst Fasern aus dem Holz gerissen werden können.

Farben

Die Farbe spielt bei der Gestaltung der Modelle eine ganz wichtige Rolle – durch sie erhält die Bastelarbeit ihren letzten „Pfiff". Für die Bemalung von Karton eignet sich Plakafarbe sehr gut. Diese Farbe wird auf der Grundlage von Kasein, einem Naturprodukt, hergestellt.
Zum Bemalen von Sperrholz und Styropor werden Acrylfarben verwendet. Acrylfarben – Kunstharzfarben auf Wasserbasis – sind im Hobby-Fachgeschäft sowohl matt wie auch glänzend in vielen Farbtönen erhältlich. Sie trocknen innerhalb kürzester Zeit, sind wischfest und witterungsbeständig.
Plaka- und Acrylfarben werden mit Feinhaarpinseln aufgebracht. Die Pinsel sollten nach Gebrauch unter fließendem Wasser ausgewaschen und mit nach oben gerichteten Haarspitzen zum Trocknen platziert werden.
Feine Konturen lassen sich am besten mit Bunt- oder Filzstiften auftragen.

Vorlagen übertragen

Zum Übertragen der Vorlagen vom Vorlagenbogen auf das jeweilige Material (z.B. Papier oder Holz) benötigen Sie Transparentpapier, Kohlepapier, Kreppband und einen Bleistift. Legen Sie zunächst das Transparentpapier auf die Vorlage und zeichnen Sie die Konturen mit dem Bleistift nach. Anschließend das Kohlepapier mit der schwarzen Seite nach unten auf das Papier oder die Holzplatte legen. Das Transparentpapier auf das Kohlepapier legen und beides mit Kreppband auf dem Untergrund befestigen, damit es nicht verrutscht. Dann ziehen Sie die Motivkonturen mit dem Bleistift nach.

Dosenwurfspiel

Material

10 Konservendosen
Acrylfarbe weiß, gelb, rosa, rot, blau
Pinsel

Mit diesem bunt bemalten Dosenwurfspiel kommt im Sommer keine Langeweile auf.
Spülen Sie die Konservendosen gründlich und legen Sie sie in warmes Wasser, bis sich die Etiketten ablösen lassen. Reinigen Sie anschließend die Außenseite der Dosen mit Spiritus oder Spülmittel, sodass sie staub- und fettfrei ist. Trocknen Sie die Konservendosen gut ab.
Nun können die Dosen von den Kindern mit heiteren und farbenfrohen Motiven aus der Tierwelt bemalt und am oberen und unteren Rand jeweils mit Mustern versehen werden. Überlassen Sie die Ausführung ganz den Kindern.
Zum Werfen eignet sich ein kleiner Schaumstoffball.

Achtung!
Lassen Sie die Kinder nicht unbeaufsichtigt mit Spiritus und Spülmitteln hantieren!

Ringe werfen

Material

Bleistift
Kohlepapier
Kreppband
Sperrholzplatte
(8 mm dick,
50 × 20 cm)
Schraubzwinge
Laubsäge
feines Schleifpapier
Acrylfarbe weiß, gelb, rot,
blau, grün
Pinsel
Filzstift schwarz
Holzrundstab
(∅ 6 mm, 40 cm lang)
Drahtstifte
Hammer
Basteldraht
Dekobänder
Schere
Glöckchen
Seitenschneider

Dieses Spiel eignet sich wunderbar für Geburtstagsfeiern im Garten oder einen Nachmittag am Strand.

Übertragen Sie zunächst die Vorlage mit Kohlepapier auf die Sperrholzplatte (siehe Seite 9). Sägen Sie anschließend das Froschmotiv mit der Laubsäge aus (siehe Seite 9).

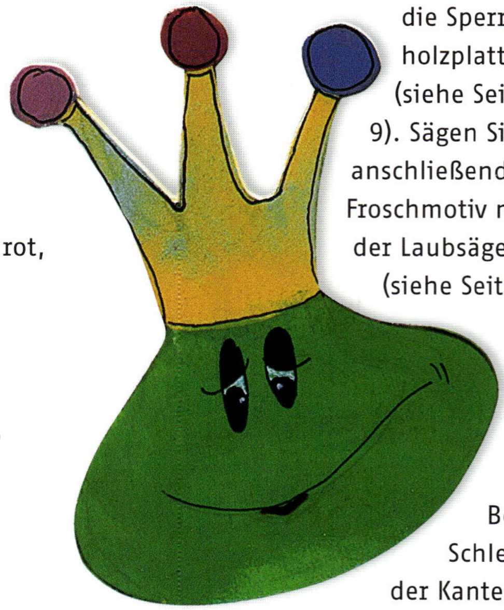

Beim Schleifen der Kanten mit Schleifpapier können auch kleinere Kinder schon kräftig mithelfen.

Nun bemalen die Kinder den Frosch mit Acrylfarbe. Nach dem Trocknen der Farbe zeichnen Sie die schwarzen Gesichts- und Körperkonturen mit dem Filzstift ein. Dann wird der Rundstab mit einigen Drahtstiften so an der Rückseite des Frosches angebracht, dass er ca. 15 cm über die Froschunterkante hinausragt.

Für die Wurfringe schneiden Sie mit dem Seitenschneider jeweils 30 cm lange Drahtstücke zu und formen sie zu Ringen mit einem Durchmesser von 20 cm. Die Drahtenden werden zusammengedreht. Zusammen mit den Kindern umwickeln Sie die Ringe fest mit Dekobändern und fixieren die Bandenden mit Knoten. Zum Schluss wird das Glöckchen an einem Bandstück befestigt und um den Hals des Frosches gebunden. Für das Spiel wird der Frosch mit dem herausragenden Rundstab in die Erde gesteckt.

Achtung!
Die Laubsäge gehört nicht in die Hände von kleinen Kindern! Führen Sie die Sägearbeiten aus und lassen Sie die Kinder den Frosch bemalen.

Reistrommeln

Material

Kondensmilchdosen in verschiedenen Größen
Acrylfarbe gelb, rosa, rot, blau
Pinsel
Kreppband
Reis
durchsichtige Klebefolie
Schere

Lochen Sie die Kondensmilchdosen mit einem Dosenöffner an zwei gegenüberliegenden Stellen und gießen Sie die Milch in ein anderes Gefäß um. Spülen Sie die Dosen gut aus. Zum Ablösen der Etiketten werden sie einige Zeit in warmes Wasser gelegt. Reinigen Sie sie anschließend mit Spiritus oder Spülmittel, sodass die Oberfläche staub- und fettfrei ist. Lassen Sie die Dosen gut trocknen, am besten über Nacht. Dann bestreichen die Kinder die Außenflächen zunächst jeweils vollständig mit einer Farbe. Nach dem Trocknen kleben sie mit Kreppband ein Dreiecksmuster ab und bemalen die freien Felder mit einer zweiten Farbe. Das Ganze muss wiederum gut trocknen.
Nun füllen die Kinder Reiskörner in die Dosen. Die verwendete Reismenge hängt vom gewünschten Klang ab; während des Einfüllens sollten die Kinder die Dosen immer wieder schütteln, um ihren Klang zu testen. Anschließend werden der Größe der Deckel entsprechend Kreise aus der Klebefolie ausgeschnitten und die gelochten Deckel mit der zugeschnittenen Folie beklebt. Auf diese Weise sind die Löcher gut verschlossen und der Reis kann beim Schütteln nicht herausfallen.

Tasse

Material

Bleistift
Kohlepapier
Kreppband
Tasse
Porzellanmalstifte

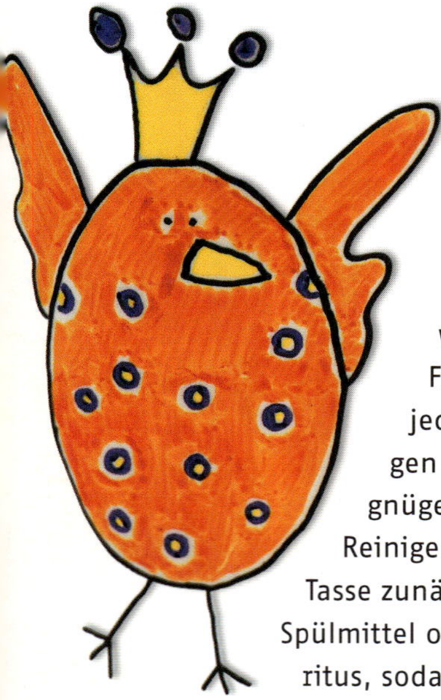

Mit dieser witzig dekorierten Kindertasse wird das Frühstück jeden Morgen zum Vergnügen.

Reinigen Sie die Tasse zunächst mit Spülmittel oder Spiritus, sodass die Oberfläche staub- und fettfrei ist, und trocknen Sie sie gut ab. Anschließend übertragen Sie die Vorlage mit Kohlepapier auf die Tasse (siehe Seite 9).

Zeichnen Sie die Außenkonturen mit der dicken Spitze des Porzellanmalstiftes in Schwarz nach. Danach füllen die Kinder die Flächen farbig aus. Unsaubere Linien können mit einem angefeuchteten Wattestäbchen korrigiert werden. Am Ende werden oberer und unterer Tassenrand mit bunten Blümchen verziert.

Nun wird die Bemalung fixiert. Dazu stellen Sie die Tasse in den Backofen und erhitzen diesen auf die erforderliche Temperatur (ca. 160°C). Ist die notwendige Hitze erreicht, lassen Sie die Farbe 30 Minuten einbrennen. Dann schalten Sie den Backofen aus und lassen die Tasse im geschlossenen Ofen auskühlen.

APRIRE

Traumgläser

■ Material

Marmeladengläser in verschiedenen Größen
Miniaturfiguren
Alleskleber
Glitzerpulver silber
Glyzerin

Mit nur wenig Material lässt sich im Handumdrehen ein für Kinder immer wieder faszinierendes Spielzeug basteln.
Reinigen Sie die Marmeladengläser gründlich. Legen Sie sie anschließend in warmes Wasser, bis sich die Etiketten ablösen lassen, und trocknen Sie sie gut ab.
Nun können die Kinder jeweils eine Miniaturfigur mit Alleskleber auf die Innenseite eines Deckels kleben. Kleber gut trocknen lassen. Die Figuren dürfen nicht zu dicht am Deckelrand platziert werden, da sich der Deckel sonst nicht zudrehen lässt. Streuen Sie etwas Glitzerpulver in die Gläser und füllen Sie sie mit Glyzerin.
Dann den inneren Deckelrand mit Alleskleber bestreichen und die Gläser fest verschließen.

Achtung!
Beim Basteln mit Glitzerpulver, Glyzerin und kleinen Figuren sollten kleinere Kinder nicht unbeaufsichtigt sein, da sie diese Dinge in den Mund nehmen oder schlucken könnten.

Tipp:
Anstelle von Glyzerin können Sie auch Wasser mit etwas Spülmittel versetzen und in die Gläser füllen.

Windräder

Material

Fotokarton kariert
Bleistift
Lineal
Schere
Alleskleber
Wattekugeln (∅ 12 mm)
Plakafarbe gelb, rosa, rot
Pinsel
Sticknadel
Holzrundstäbe (∅ 6 mm, 40 cm lang)
Nägel (2 × 50 mm)
Hammer

Zeichnen Sie für jedes Windrad ein Quadrat mit den Maßen 12 ×12 cm auf dem Fotokarton ein, das die Kinder anschließend mit einer Bastelschere ausschneiden. Dann ziehen Sie mithilfe des Lineals zwei Diagonalen von Ecke zu Ecke. Das Quadrat wird entlang den Diagonalen 8,5 cm weit eingeschnitten. Von den so entstandenen acht Spitzen wird jede Zweite zur Mitte gebogen. Anschließend die Spitzen mit Alleskleber übereinander kleben und den Kleber gut trocknen lassen. Die Wattekugel mit Plakafarbe bestreichen und ebenfalls trocknen lassen. Die folgenden Arbeiten sollten die Erwachsenen übernehmen:

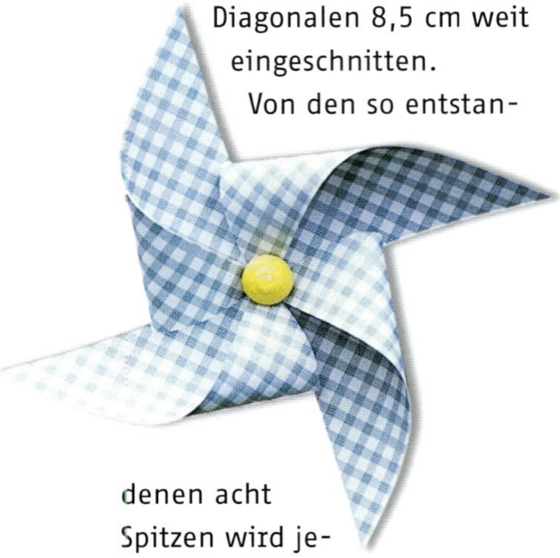

Bohren Sie mit der Sticknadel ein Loch durch die Mitte der Wattekugel. Legen Sie die Wattekugel mittig auf das Windrad und platzieren Sie das Ganze an der gewünschten Stelle auf dem Rundstab. Nun schlagen Sie einen Nagel durch das vorbereitete Loch der Wattekugel in den Rundstab ein.

Achtung!
Der Nagel darf nicht zu weit eingeschlagen werden, da sich das Windrad sonst nicht frei drehen kann.

Tipp:
Dieses Windrad sollte nur bei schönem Wetter im Freien stehen. Wetterfeste Windräder können Sie aus dünner Kunststofffolie herstellen.

Lampionfest

■ Material

Käseschachteln rund
Maßband
Tonkarton in verschiedenen Farben
Transparentpapier in verschiedenen Farben
Schere
Zickzackschere/Wellenschere
Alleskleber
Teelichter

Was ist ein Kinderfest ohne bunt leuchtende Lampions!
Messen Sie den Umfang der Käseschachtel aus und schneiden Sie sowohl den Tonkarton wie auch das Transparentpapier in der entsprechenden Breite zuzüglich 1 cm Zugabe zu. Die Höhe des Lampions können Sie nach Ihren eigenen Vorstellungen festlegen.

Nun falten die Kinder den Tonkarton entlang der horizontalen Mittelachse. Größere Kinder schneiden die Bruchkante mit einer Zickzack- oder einer Wel-

lenschere, kleinere Kinder mit einer Bastelschere in gleichmäßigen Abständen und in gleicher Länge ein.

Dann wird der Tonkarton wieder auseinander geklappt, zu einer Röhre gedreht und an den Seiten so zusammengeklebt, dass die Seiten einander um 0,5 cm überlappen. Das Transparentpapier wird ebenfalls zu einer Röhre gedreht und an den Seiten wie oben beschrieben fixiert. Gut trocknen lassen.
Anschließend wird die Tonkartonröhre über die Röhre aus Transparentpapier gestülpt; beide Teile an den Rändern bündig miteinander verkleben. Wiederum trocknen lassen.
Für den Lampionboden kann der Deckel oder der Boden der Käseschachtel benutzt werden. Das Teelicht wird mittig in die Schachtel geklebt. Danach wird der Schachtelboden an den Außenseiten mit Kleber bestrichen und im Lampion befestigt.

Achtung!
Lassen Sie die Lampions nur in Ihrem Beisein brennen.

Tipp:
Der Tonkarton kann auch entlang mehrerer Querachsen gefaltet und eingeschnitten werden.

Fingerpuppen aus Filz

Material

Transparentpapier
Bleistift
Schere
Filzreste in verschiedenen Farben
Schneiderkreide
Sticknadel
Stickgarn

Die kleinen Zauberer, Hofnarren und Königinnen aus Filz sind ideale Darsteller in selbst erfundenen Theaterstücken.
Übertragen Sie die Motive vom Vorlagenbogen auf Transparentpapier. Schneiden Sie die einzelnen Teile mit der Schere aus.
Nun legen Sie die Vorlagen auf den Filz und umfahren sie mit Schneiderkreide. Danach können die Kinder die Motive entlang den Konturen ausschneiden.

Bei allen Figuren wird zunächst der Körper mit der Sticknadel und Stickgarn zusammengenäht. Die Stiche dürfen ruhig groß und unregelmäßig sein. Danach wird beim Zauberer der Stern und bei der Königin der Taillenbund aufgebracht.
Anschließend werden die Zauberermütze, der Harlekinhut und die Krone an die Köpfe genäht und Mund und Augen aufgestickt. Der Sternkragen des Zauberers wird mit wenigen Stichen am Kopf befestigt. Zum Schluss werden die Köpfe an die dazugehörigen Körper genäht.

Achtung!
Bei diesen Schneide- und Näharbeiten sollten auch Grundschulkinder nicht unbeaufsichtigt bleiben.

Eintrittskarte
Puppentheater

Fingerpuppentheater

Material

Pappkarton (ca. 30 × 20 cm)
Lineal
Bleistift
Schere
Fotokarton weiß/blau-weiß gestreift
Kohlepapier
Plakafarben
Pinsel
Stoffreste
Alleskleber

Vorhang auf, die Vorstellung kann beginnen!
Die Kinder zeichnen auf der Kartonvorderseite mittig ein nach oben hin abgerundetes Rechteck ein und schneiden es mit der Schere aus. Anschließend wird die komplette Rückseite des Kartons weggeschnitten.
Nun wird die Vorlage für das Theaterdach mit Kohlepapier auf den Fotokarton übertragen (siehe Seite 9) und das Dach ausgeschnitten. Wenn mit weißem Fotokarton gearbeitet wird, teilen Sie das Dach mithilfe des Lineals in 1,5 cm breite Streifen ein und lassen die Kinder jeden zweiten Streifen mit blauer Plakafarbe bemalen. Der Kreis auf der Dachspitze wird andersfarbig betont.

Dann wird der Karton mit heller Farbe gestrichen; die Vorderkanten und der Rand des Ausschnitts werden kontrastreich verziert. Nach dem Trocknen der Farbe wird das Dach auf den oberen Rand der Kartonvorderseite geklebt.
Für den Vorhang schneiden die Kinder zwei Rechtecke in passender Größe aus Stoffresten aus, und befestigen den Vorhang mit Alleskleber knapp oberhalb des Ausschnitts auf der Kartoninnenseite.

König und Zauberlehrling

■ **Material**
Bleistift
Kohlepapier
Fotokarton weiß
Buntstifte
Schere
Lochzange
Basteldraht
Nähgarn
4 Holzleisten
(0,5 cm dick, 12 × 2 cm)
2 Nägel (2 × 20 mm)
Hammer

Wie viel Spaß macht es Kindern, wenn diese lustigen Marionetten auf der Kinderzimmerbühne tanzen!
Übertragen Sie die Vorlagen für die Marionetten einschließlich der Markierungen mit Kohlepapier auf den Fotokarton (siehe Seite 9). Dann bemalen die Kinder die einzelnen Marionettenteile ganz nach Geschmack mit Buntstiften und schneiden sie aus. Die markierten Punkte werden mit der Lochzange gelocht und die einzelnen Körperteile der Marionetten werden mit Basteldraht verbunden. Dazu werden für den Zauberlehrling zwölf und für den König neun 2 cm lange Drahtstücke abgeschnitten. Danach werden die Drahtstücke durch die Löcher an den Gelenken gezogen und die Drahtenden zusammengedreht. Für den Zauberlehrling werden sieben und für den König drei 40 cm lange Stücke vom Nähgarn abgeschnitten. Beim Zauberlehrling wird jeweils ein Fadenstück mit einem Knoten an der Mützenspitze, an Beinen, Handgelenken und Schultern befestigt. Beim König werden die Fäden an die Krone und an die Beine geknotet. Nun wird jede Marionette an ein Holzkreuz gehängt, mit dem sie später gehalten und bewegt wird. Hierfür legen Sie je zwei Holzleisten mittig über Kreuz und verbinden sie mit einem Nagel. Dann schneiden Sie für den Zauberlehrling fünf, für den König drei 8 cm lange Drahtstücke ab.
Die Kinder wickeln jeweils ein Drahtstück um die Kreuzmitte und die übrigen an die Enden des Holzkreuzes, biegen die Drahtenden zu Schlaufen und fixieren die Fadenenden an den Drahtschlaufen. Die Fäden von Beinen und Schultern werden jeweils zusammen an einer Drahtschlaufe befestigt. Alle Körperteile der Marionetten sollten ohne Spannung nach unten hängen.

Piratenschiffe

Material

Fischdosen
dünne Aststücke
(15 cm lang)
Stoffreste
Schere
Alleskleber
Dekobänder
Sektkorken
Acrylfarbe weiß,
hautfarben, rot
Pinsel
Transparentpapier
Bleistift
Fotokarton schwarz
Buntstift weiß
Fellreste
Plastikringe rot
(∅ 1,2 cm)

Schiff ahoi! Auch bei stürmischer See in der heimischen Badewanne bestehen diese furchtlosen Korkpiraten jede Seeschlacht. Reinigen Sie die Fischdosen innen und außen gründlich mit Spiritus oder Spülmittel, sodass sie staub- und fettfrei sind, und trocknen Sie sie gut ab.
Für die Segel schneiden die Kinder aus den Stoffresten passende Dreiecke aus und befestigen sie mit Alleskleber jeweils an einem Aststück. Den Kleber

gut trocknen lassen. Am oberen Mastende wird ein kurzes Stück Dekoband festgeknotet. Danach werden die Masten mit Alleskleber auf dem Boden der Dosen befestigt.

Für die Piraten grundieren die Kinder die Korken zunächst mit weißer Acrylfarbe. Nach dem Trocknen der Grundfarbe versehen sie die unteren Hälften der Korken mit roten Streifen und malen die Gesichter auf.

Für den Bart schneiden die Kinder einen entsprechenden Fellstreifen zu und befestigen ihn mit Alleskleber.

Nun übertragen Sie die Hutform mit Bleistift auf Transparentpapier und schneiden sie aus. Legen Sie die ausgeschnittene Vorlage auf den Fotokarton und umfahren Sie sie mit weißem Buntstift; für jeden Hut benötigen Sie eine Vorder- und eine Rückseite. Die Hutformen werden von den Kindern entlang den Konturen aus dem Fotokarton sorgfältig ausgeschnitten. Jeweils zwei Hutteile werden mit Alleskleber zusammengeklebt. Alles gut trocknen lassen. Den Schädel und die gekreuzten Knochen mit weißer Acrylfarbe aufmalen. Nach dem Trocknen der Farbe kleben die Kinder die Hüte auf die Piratenköpfe.

Die roten Plastikreifen werden mit weißen Streifen bemalt. Dann wird je ein „Rettungsring" auf die Außenseite der Schiffe geklebt.

Regentrommeln

Material

dünne Papprollen
Fotokarton weiß
Bleistift
Schere
Klebeband
Nägel mit großen
Köpfen (2 × 20 mm)
getrocknete Linsen
Maßband
Seidenpapier weiß
Transferlack
Pinsel
Plakafarbe gelb, rosa, rot, blau

Werden diese mit getrockneten Linsen gefüllten Papprollen bewegt, hört sich das an wie leise prasselnder Regen.
Stellen Sie die Papprolle auf den Fotokarton und umfahren Sie die Öffnung mit einem Bleistift. Die Kinder schneiden den Kreis mit einer Zugabe von 1 cm aus. Dann wird die Zugabe in Abständen von 5 mm bis zur Kreislinie eingeschnitten und die entstandenen Laschen werden umgeklappt. Die Kinder setzen den „Deckel" auf eine Öffnung der Papprolle und befestigen die Laschen mit Klebeband am äußeren Rollenrand. Anschließend entlang der spiralförmigen Klebenaht, die jede dieser Papprollen aufweist, Nägel in einem Abstand von 1 cm in die Pappe drücken. Stellen Sie mit den Kindern in der oben beschriebenen Weise einen weiteren Deckel her. Nun füllen Sie eine halbe Tasse Linsen in die Papprolle und verschließen auch die zweite Öffnung.
Messen Sie die Höhe und den Umfang der Regentrommel aus und schneiden Sie das Seidenpapier den Maßen entsprechend zu. Danach bestreichen die Kinder die Trommel gleichmäßig mit Transferlack und bringen das Seidenpapier rund um die Rolle auf. Gut trocknen lassen . Zum Schluss bemalen die Kinder die Regentrommel mit Plakafarbe.

Lampionharlekine

■ Material

Tonkarton in verschiedenen Farben und Mustern
Transparentpapier
Bleistift
Kohlepapier
Kreppband
Schere
Kugellampions
Alleskleber
Plakafarbe gelb, rot, blau
Pinsel
Kerzen
Bindfaden

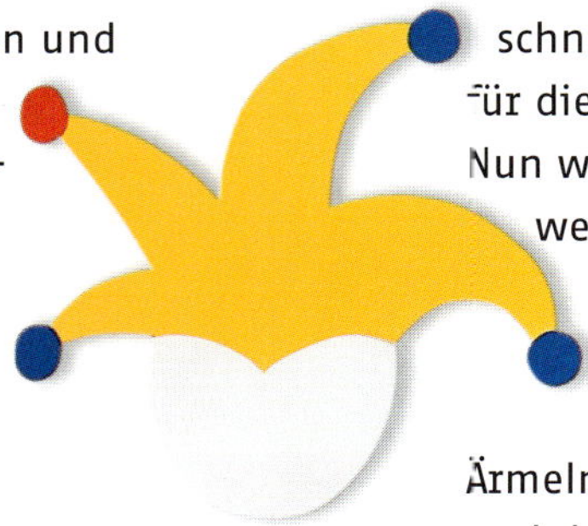

Diese lustigen Harlekine mit ihren leuchtenden runden Bäuchen sind eine passende Dekoration für fröhliche Kindersommerfeste.

Übertragen Sie die Vorlagen mit Kohlepapier vom Vorlagenbogen auf den Tonkarton (siehe Seite 9). Die Kinder schneiden die einzelnen Teile für die Harlekine aus.
Nun werden mit Alleskleber jeweils der Kopf mit der Mütze und dem Kragen, die Arme mit den Ärmeln und den Händen, ebenso die Beine mit den Füßen verbunden.

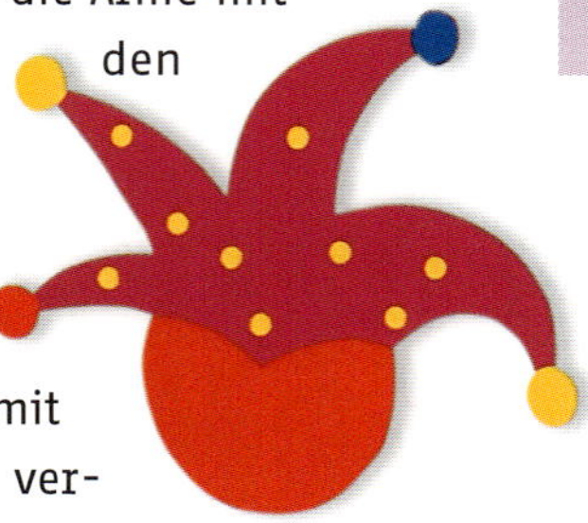

Anschließend den Lampion aufklappen und den Kragen und die beiden Ärmel mit Alleskleber in der äußersten Falte befestigen. Die Beine werden auf der gegenüberliegenden Seite auf den Lampion geklebt. Danach verzieren die Kinder einige Körperteile bunt mit Plakafarben.
Zuletzt setzen Sie die Kerzen ein und hängen die Lampions an Bindfäden in unterschiedlicher Höhe auf.

Achtung!
Lassen Sie die Lampions nicht unbeaufsichtigt brennen.

M K

Bollerwagen

Material

Obstkiste
Acrylfarbe weiß, gelb, rosa, rot, blau
Pinsel
Transparentpapier
Bleistift
Kohlepapier
Kreppband
Filzstift schwarz
Kordel weiß (1 m lang)
Aststück (∅ 3 cm, 10 cm lang)
4 Holzräder (∅ 12 cm)
4 Nägel (2 × 50 mm)
Hammer

Auf zum Picknick im Grünen! Alles, was Spaß macht und gut schmeckt, hat Platz in diesem kunterbunten Bollerwagen. Lösen Sie zunächst die Etiketten von der Obstkiste ab und entfernen Sie den Staub. Anschließend grundieren Sie die Obstkiste und die Räder gleichmäßig mit Acrylfarbe. Lassen Sie die Farbe gut trocknen. Übertragen Sie nun die Figuren mit Kohlepapier vom Vorlagenbogen auf den Außenrand der Kiste (siehe Seite 9) oder lassen Sie die Kinder eigene Figuren entwerfen. Anschließend malen die Kinder die Figuren mit Acrylfarbe bunt aus. Nach dem Trocknen der Farbe werden die feinen Gesichtskonturen mit schwarzem Filzstift aufgebracht. Auf die Räder werden mit Acrylfarbe Speichen aufgezeichnet. Befestigen Sie die Kordel mit einem Knoten am Aststück. Dann knoten Sie das andere Kordelende an der vorderen Bodenplanke der Kiste fest. Zum Schluss nageln Sie die vier Holzräder an die Längsseiten der Kiste.

Steinmännchen

Material

Kieselsteine in verschiedenen Größen
Steinkleber (Zwei-Komponenten-Kleber)
kleiner Plastik-/Holzspatel
Acrylfarbe weiß, orange, rosa, rot, blau
Pinsel
Filzstift schwarz
Klarlack

Diese entzückenden kleinen Gesellen aus Stein eignen sich gut zum Schmücken von Tischen, Regalen oder Nachttischchen im Kinderzimmer.
Die Kinder legen die Kiesel zunächst probeweise aufeinander, bis sie eine Anordnung gefunden haben, die ihnen gefällt. Für die Füße verwendet man am besten flache Kieselsteine, für den Bauch empfiehlt sich ein großer runder, für den Kopf ein mittelgroßer Kieselstein.
Säubern Sie die Kieselsteine dann mit Spülmittel oder Spiritus, sodass die Oberfläche staub- und fettfrei ist, und trocknen Sie sie gut ab. Mischen Sie nun den Steinkleber den Angaben des Herstellers entsprechend. Die Kinder tragen die Mischung mit einem kleinen Plastik- oder Holzspatel auf die zu verklebenden Stellen auf und platzieren die Steine aufeinander. Den Kleber 20 bis 30 Minuten (siehe Herstellerangaben) trocknen lassen.
Danach bemalen die Kinder die Steinmännchen bunt mit Acrylfarbe und lassen die Farbe ebenfalls gut trocknen. Mund, Augen und Nase werden mit schwarzem Filzstift eingezeichnet. Nach dem Trocknen der Farbe wird eine dünne Schicht Klarlack aufgetragen.

Kleine Bären

■ **Material**

Wattekugeln (∅ 4 cm)
Plakafarbe weiß, hautfarben, braun
Pinsel
Korken
Maßband
Fellreste beigefarben, braun
Schneiderkreide
Schere
Alleskleber
dünne Aststücke (2,5 cm lang)
Stickgarn
Sticknadel
Filzreste hautfarben, braun
Filzstift schwarz
Dekobänder

Als Bärenköpfe werden Wattekugeln verwendet. Die Kinder grundieren die Wattekugeln zunächst mit hautfarbener oder brauner Plakafarbe und lassen die Farbe gut trocknen.
Anschließend messen Sie die Höhe und den Umfang der Korken aus und übertragen die Maße mit Schneiderkreide auf die Fellreste. Die Kinder schneiden das Fell zu und kleben es mit Alleskleber um den Korken.
Für die Arme und Beine schneidet man das Fell entsprechend der Größe der Aststücke zu.
Dann wird es auf die Aststücke geklebt.
Nach dem Trocknen des Klebers nähen die Kinder unter Ihrer Anleitung die Arme und Beine mit Sticknadel und Stickgarn am Körper an. Den Kopf fixiert man mit Alleskleber. Nun schneidet man für die Füße jeweils ein 1,5 cm langes, ovales Stück Filz aus und klebt es auf die Beinenden.
Für die Ohrenpaare wird je ein kreisrundes Stück Filz mit einem Durchmesser von 8 mm ausgeschnitten und halbiert. Die Filzohren werden mit Alleskleber auf den Bärenköpfen befestigt.
Danach malen die Kinder den Bären mit Plakafarbe eine weiße runde Schnauze auf. Nach dem Trocknen der Farbe zeichnen sie mit schwarzem Filzstift die Konturen der Augen, Schnauze und Nase ein.
Zum Schluss binden sie jedem Bären ein Stück buntes Dekoband als Schal um den Hals.

Fleißige Bienen

Material

Styroporkugeln in zwei verschiedenen Größen
Bastelmesser
Alleskleber
Tapetenkleister
Pinsel
Schüssel
Seidenpapier weiß
Aludraht weiß
Seitenschneider
Acrylfarbe weiß, gelb, braun
Filzstift schwarz
Mattlack
Netzblätter
Schere
Holzleiste (1 cm dick, 12 × 3 cm)
Holzbohrer
Jutekordel weiß (1 m lang)

Eine wunderschöne Bastelidee für Frühjahr und Sommer sind diese kleinen Bienen aus Styropor.
Um eine haltbare Verbindung zwischen Kopf und Körper zu schaffen, schneiden Sie zunächst mit dem Bastelmesser in die große Kugel eine kleine Vertiefung ein. Befestigen Sie die kleine Kugel mit Alleskleber in der Vertiefung und lassen Sie das Ganze gut trocknen.
Rühren Sie nun den Tapetenkleister den Angaben des Herstellers entsprechend in einer Schüssel mit Wasser an. Dann reißen die Kinder das Seidenpapier in kleine Stücke, bestreichen Bienenkopf und -körper mit Tapetenkleister und kleben die Seidenpapierstücke auf. Den Kleister trocknen lassen.

Danach bemalen die Kinder die Biene mit Acrylfarben. Nach dem Trocknen der Farbe zeichnen sie mit schwarzem Filzstift die Gesichtskonturen ein und versiegeln die Biene mit einer dünnen Schicht Mattlack. Anschließend schneiden Sie für

jede Biene mit dem Seitenschneider sechs 5 cm lange Stücke vom Aludraht ab. Die Drahtenden werden jeweils zu einer kleinen Schlaufe gebogen. Die Kinder stecken zwei Drahtstücke als Fühler in den Bienenkopf und je zwei Stücke als Arme und Beine in den Körper. Anschließend wird ein Netzblatt mit der Schere halbiert; die beiden Blatthälften werden mit Alleskleber auf dem Rücken der Biene fixiert.

Für die Schaukel bohren Sie 1 cm von den Schmalkanten der Holzleiste entfernt jeweils ein Loch. Schneiden Sie die Kordel in zwei Hälften. Dann ziehen die Kinder je ein Ende der einen Kordelhälfte durch die Löcher. Das zweite Kordelstück wird unterhalb der Bohrlöcher an das erste geknotet.

Schatzkästchen aus Eierkartons

Material

Eierkartons
Plakafarbe weiß, gelb, rosa, rot, blau
Pinsel
Lochzange/
Kugelschreiber
Edelbast
Schere
große Sticknadel

Diese hübsch bemalten und mit Bast verzierten Eierkartons können für die Aufbewahrung gesammelter Schätze sowie als originelles „Osterkörbchen" verwendet werden.
Die Kinder grundieren die Eierkartons zunächst mit Plakafarbe. Zum Bemalen des Deckels und des Bodens werden jeweils unterschiedliche, zueinander passende Farbtöne gewählt.
Die Farbe gut trocknen lassen.
Nun lochen Sie mit der Lochzange oder der Spitze eines Kugelschreibers den Deckelrand in Abständen von 1 cm. Anschließend ziehen die Kinder einen Bastfaden mit einer großen Sticknadel durch die Löcher. Die Bastenden werden verknotet und mit der Schere kurz abgeschnitten.
Zum Schluss malen die Kinder mit Plakafarbe bunte Blümchen auf den Deckel des Kartons.

Löffelpuppenzauberer

Material

Holzlöffel
Acrylfarbe weiß
Pinsel
Filzstifte rot, schwarz
Mattlack
Schlüsselfeile
Blumenbindedraht verzinkt (∅ 1,8 mm)
Seitenschneider
Drahtzange
Transparentpapier
Bleistift
Schere
Stoffreste
Schneiderkreide
Textilkleber
Filzreste
Untertasse
Dekoband
Edelbast
Alleskleber
Tonkarton

Abrakadabra! Die Kinder bemalen den Löffel mit weißer Acrylfarbe und lassen die Farbe gut trocknen. Danach zeichnen sie Mund, Nase und Augen mit Filzstiften ein. Das Gesicht wird mit einer dünnen Schicht Mattlack versiegelt.
Mit einer Schlüsselfeile feilen Sie rund um den Stielansatz des Löffels eine Kerbe in das Holz. Schneiden Sie mit dem Seitenschneider ein 25 cm langes Stück Blumenbindedraht zu und wickeln Sie die Mitte des Drahtstücks an der eingekerbten Stelle um den Löffelstiel. Für die Hände werden die Drahtenden jeweils zu einer kleinen Schlaufe gebogen.
Nun übertragen Sie die Vorlage für das Zauberergewand vom Vorlagenbogen auf Transparentpapier und schneiden sie aus. Legen Sie die Vorlage auf den doppelt gelegten Stoff und umfahren Sie sie mit Schneiderkreide. Die Kinder schneiden das Gewand aus dem Stoff aus und kleben das Vorder- und das Rückenteil an den Seiten mit Textilkleber zusammen.
Für den Sternenkragen legen Sie zunächst eine Untertasse auf den Filz und umfahren sie mit Schneiderkreide. Die Kinder schneiden den Kreis aus und große Zacken in den Rand ein. Die Kragenmitte wird mit einer runden Öffnung versehen. Die kleinen Sterne für die Gewandverzierung zeichnen Sie mit Schneiderkreide vor. Sie werden entlang den Konturen ausgeschnitten und mit Textilkleber auf dem Kostüm befestigt.
Anschließend können die Kinder den Kragen und das Gewand von unten auf den Löffelstiel ziehen. Die Ärmel werden so über die Drahtarme gezogen, dass die Hände zu sehen sind, und an den Rändern jeweils mit einem Stück Dekoband zusammengezogen.
Für die Haare werden für jede Puppe einige 10 cm lange Baststücke zugeschnitten. Mit einem weiteren Baststück wird das Bündel mittig zusammengeklebt und mit Alleskleber auf der oberen Löffelkante fixiert.
Für den Hut übertragen Sie die Vorlage mit Kohlepapier auf den Tonkarton (siehe Seite 9). Die Kinder schneiden das Kreissegment aus, formen es zum Hut und kleben die Kanten zusammen.
Die Hutspitze wird mit einigen Stücken Dekoband verziert und der Hut auf die Puppenhaare geklebt.

Maus und Igel

■ **Material**

Heu
Basteldraht
Schere
Nähgarn hellgrau
Alleskleber
Paketschnur
Wacholderbeeren

Die Kinder formen für den Igelkörper aus einer Hand voll Heu eine Kugel, umwickeln die Heukugel mehrere Male fest mit Basteldraht und schneiden den überschüssigen Draht mit der Schere ab. Anschließend wird nochmals Heu um die Kugel geschlungen und mit Nähgarn fixiert, das man über Kreuz um

das Heu windet. Unter Ihrer Anleitung flachen die Kinder den Igelkörper an der Unterseite durch festes Andrücken des Heus etwas ab. Die Halmenden an der Oberseite sollten stachelig abstehen. Nun formen sie überste-

hende Halme an einer Körperseite zu einer Spitze und umwickeln diese spiralförmig mit Draht, sodass eine lange Igelschnauze entsteht.

Achtung!
Die Enden des Drahtes werden immer umgebogen und fest in das Heu gesteckt.

Für die Maus formen die Kinder je nach gewünschter Größe aus einer oder zwei Hand voll Heu ein lang gezogenes Ei, fixieren die Form wie oben mit Draht und umschlingen das Ganze wiederum mit Heu. Danach alles mit Nähgarn umwickeln. Das eine Ende des Mauskörpers wird zu einer Spitze gezogen und diese fest mit Draht umwunden. Anschließend werden die Mausohren hergestellt. Hierfür formen die Kinder zwei kleine Kugeln, flachen diese ab und umwickeln sie mit Nähgarn. Anschließend kleben sie die Ohren mit Alleskleber auf die Kopfoberseite. Ein 10 cm langes Stück Paketschnur wird als Schwanz mit Alleskleber gut am Körper befestigt.
Als Augen werden dem Igel und der Maus jeweils zwei Wacholderbeeren aufgeklebt.

Tipp:
Das Stachelkleid des Igels kann auf unterschiedliche Weise gestaltet werden.
Die Kinder können den Igelrücken z. B. mit Tapetenkleister einstreichen und anschließend getrocknete Lavendelblüten auflegen.
Sie können auch duftende Nelken oder getrocknete Rosenblüten mit Alleskleber anbringen.

Mr. Frostie und Santa Claus

Material

Gipsbinden
Plastikschüssel
Schere
Acrylfarbe weiß, hautfarben, rot
Pinsel
Filzstifte rot, schwarz
Stoffreste
Alleskleber
Stickgarn
Transparentpapier
Bleistift
Filzreste rot
Schneiderkreide
Textilkleber

Die Kinder weichen die Gipsbinden den Angaben des Herstellers entsprechend einige Minuten in einer Schale mit Wasser ein. Danach wickeln sie die Binden ab und rollen sie jeweils zu länglichen Weihnachtsmann- und Schneemannkörpern. Die Körper werden in der Höhe des Halses etwas zusammengedrückt. Den nicht benötigten Bindenrest schneidet man mit der Schere ab. Da der Gips innerhalb von fünf bis zehn Minuten trocknet, sollte man zügig arbeiten.

Achtung!
Gießen Sie das zum Einweichen der Gipsbinden verwendete Wasser nicht in den Ausguss, da dies zu Rohrverstopfungen führen kann. Lassen Sie das Wasser in der Schüssel verdunsten, kratzen Sie die Gipsreste aus und werfen Sie sie in den Haushaltsmüll.

Nach dem Trocknen des Gipses bemalen die Kinder die Gesichter der Weihnachtsmänner hautfarben und die Mäntel rot, lassen die Farbe trocknen und bringen mit Acrylfarbe weiße Mantelknöpfe auf. Alle Gesichter und die Knöpfe der Schneemänner werden mit Filzstiften eingezeichnet.
Nun schneiden die Kinder aus Stoffresten schmale Streifen zu und wickeln sie den Schneemännern als Schal um den Hals. Für die Schneemannmützen schneiden sie jeweils ein passendes Stoffrechteck zu. Das Stoffstück wird am unteren Rand mit Alleskleber bestrichen, um den Schneemannkopf gelegt und am oberen Rand mit Stickgarn zusammengebunden.
Die Mützen für die Weihnachtsmänner werden aus Filzresten gearbeitet. Übertragen Sie zunächst die Mützenform mit Bleistift auf Transparentpapier und schneiden Sie sie aus. Legen Sie die ausgeschnittene Vorlage auf den Stoff oder den Filz und umfahren Sie sie mit Schneiderkreide; für jede Mütze benötigt man eine Vorder- und eine Rückseite. Dann schneiden die Kinder die Mützenformen entlang den Konturen aus dem Stoff aus, kleben jeweils zwei Mützenteile mit Textilkleber zusammen und lassen den Kleber trocknen. Anschließend biegen sie die Krempen leicht nach außen und befestigen die Mützen mit Alleskleber auf den Köpfen der Weihnachtsmänner.

Duftende „Weihnachtskerzen"

Material

Zimtstangen
Mandeln
Alleskleber
Sternanis
Wäscheklammern
Wacholderbeeren
Nelken
frische Buchsbaumzweige
Blumenbindedraht grün
Schale
Dekobänder

Diese phantasievolle weihnachtliche Dekoration erfreut Eltern und Großeltern mit ihrem herrlichen Duft.
Die Mandeln werden mit Alleskleber jeweils senkrecht auf einem Ende der Zimtstangen befestigt. Anschließend den Kleber gut trocknen lassen. Dann kleben die Kinder auf das andere Ende der Zimtstangen je einen Sternanis. Nach dem Trocknen des Klebers wird jede „Duftkerze" auf eine Wäscheklammer geklebt. Das Ganze wiederum gut trocknen lassen. Nun kleben die Kinder am unteren Rand Wacholderbeeren und Nelken um einige der Zimtstangen. Die übrigen Stangen werden mit Buchsbaumkränzchen geschmückt. Hierfür werden jeweils zwei frische Buchsbaumzweige zu einem Kränzchen gewunden, mit grünem Blumenbindedraht fixiert und um den Fuß einer Zimtstange gelegt.
Anschließend werden die dekorierten Wäscheklammern in gleichmäßigen Abständen am Rand einer Schale angeklammert. Zum Schluss dekorieren die Kinder die Schale mit Nelken, Wacholderbeeren und bunten Dekobändern.

Tipp:
Die „Kerzen" können Sie auch zusammen mit kleinen Bündeln aus Zimtstangen oder getrockneten Zitronen- und Orangenscheiben als Schmuck für Ihren Weihnachtsbaum verwenden.

Spardose

Material

Margarine- und Joghurtbecher mit Deckel
Acrylfarbe gelb, rosa, orange, rot, grün
Pinsel
Bastelmesser
kleine Dekoschweine aus Holz
Alleskleber

Aus einfachen Plastikgefäßen können die Kinder – für den eigenen Gebrauch oder als ausgefallenes Geschenk – wunderhübsche Spardosen anfertigen. Zunächst reinigen Sie den Margarine- oder Joghurtbecher innen und außen gründlich mit Spiritus oder Spülmittel, sodass seine Oberfläche staub- und fettfrei ist, und trocknen ihn gut ab. Anschließend legen Sie den Deckel des Bechers auf eine schneidfeste Unterlage und schneiden mit dem Bastelmesser in der Mitte einen 3 cm langen und 4 mm breiten Schlitz ein.
Nun bestreichen die Kinder Becher und Becherdeckel mit Acrylfarbe und lassen die Farbe gut trocknen. Dann malen sie in ungleichmäßigen Abständen bunte Blümchen auf.
Zum Schluss befestigen sie die Dekoschweine mit Alleskleber auf dem Deckel und an der Außenseite des Bechers.

ELIZABETH II·D·G·REG·F·D 2000

Wäscheklammerfiguren

■ Material

Holzrundstab
(∅ 4 mm)
Laubsäge
feines Schleifpapier
Wäscheklammern aus Holz
Alleskleber
Acrylfarbe weiß, rot, blau, schwarz, gelb
feiner Pinsel
Filzstift schwarz
Wattekugeln (∅ 1 cm)
Bastelmesser
Knöpfe
Dekoband blau

Mit diesen witzig dekorierten Wäscheklammern macht das Aufhängen der Puppenwäsche noch größeren Spaß.
Für die Arme der Figuren sägen Sie mit der Laubsäge 1,2 cm lange Stücke vom Rundstab ab. Glätten Sie die Schnittflächen mit feinem Schleifpapier. Dann kleben Sie jeweils ein Armpaar mit Alleskleber auf die Wäscheklammern. Lassen Sie den Kleber gut trocknen.
Nun bemalen die Kinder die Wäscheklammern mit Acrylfarben. Der englische Bobby bekommt einen roten Mantel, eine weiße Hose und schwarze Schuhe, der Seeräuber trägt ein rot gestreiftes T-Shirt und eine blaue Hose. Der Matrose wird mit einer blauen Jacke, einer weißen Hose und schwarzen Schuhen bekleidet.
Nach dem Trocknen der Farbe malen die Kinder weiße Bänder und schwarze Knöpfe auf die Bobbyjacke. Der Seeräuber erhält einen gelben Gürtel mit Säbel und der Matrose Manschettenstreifen, Knöpfe und einen Kragen in Weiß. Die Gesichter werden mit einem schwarzen Filzstift eingezeichnet.
Für die Kopfbedeckung des Bobbys schneiden Sie eine Wattekugel mit dem Bastelmesser in zwei ungleiche Hälften. Die Kinder malen die größere Hälfte schwarz an und kleben sie nach dem Trocknen der Farbe mit Alleskleber auf den Bobbykopf.
Die Matrosenmütze wird aus einem Knopf und einem kleinen Stück blauem Dekoband hergestellt. Das Dekoband wird an einer Seite schräg zugeschnitten und die Schräge mit kleinen Zacken versehen. Danach befestigt man es mit Alleskleber auf dem Kopf des Matrosen. Der Knopf wird weiß bemalt und nach dem Trocknen der Farbe auf das Dekoband geklebt.

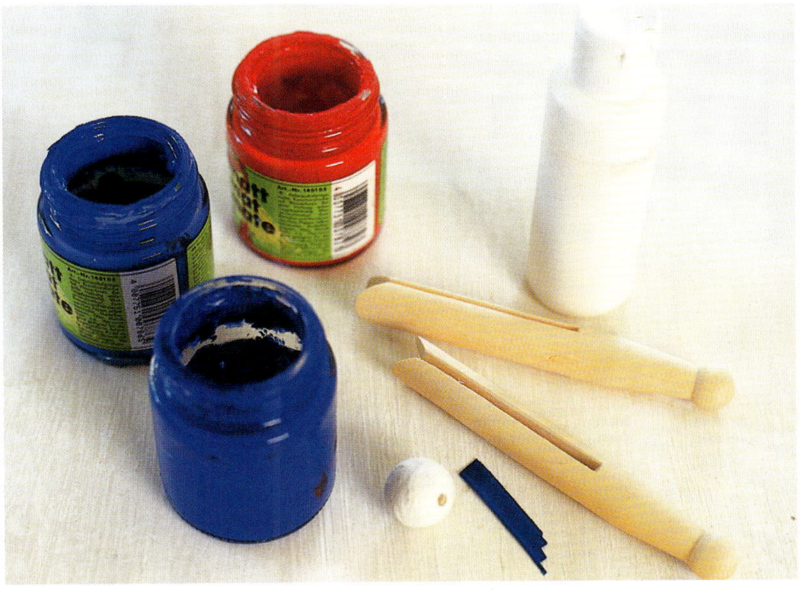

Steckenpferd

Material

Transparentpapier
Bleistift
Schere
Leinenstoff weiß
(100 × 40 cm)
Schneiderkreide
Maßband
Textilkleber
Stoffreste in
Brauntönen
Stickgarn braun
Sticknadel
2 Knöpfe braun
Paketschnur
2 Perlen schwarz
Heu/Holzwolle
Aststück
(∅ 3 cm, 80 cm lang)
Bast naturfarben

Nicht nur Pferdenarren, sondern auch kleine Cowboys und Indianer können an diesem Steckenpferd viel Freude haben. Auf zum Galopp!

Übertragen Sie den Kopf des Steckenpferds mit Bleistift vom Vorlagenbogen auf Transparentpapier und schneiden Sie ihn aus. Legen Sie die ausgeschnittene Vorlage auf den Leinenstoff und umfahren Sie sie mit Schneiderkreide. Der Pferdekopf besteht aus zwei Seitenteilen, die Vorlage muss also einschließlich der Markierungen zweimal auf den Stoff übertragen werden. Dann schneiden die Kinder die Kopfteile zuzüglich 1,5 cm Zugabe aus dem Stoff aus; für das untere Halsende ist keine Zugabe nötig.

Anschließend wird ein 1 m langer und 8 cm breiter Streifen aus dem Stoff ausgeschnitten; dieser Streifen wird später als Mittelteil zwischen den beiden Seitenteilen befestigt. Dann schneidet man die Ränder aller drei Teile in Abständen von 3 cm 1,5 cm weit ein.

Nun bestreichen die Kinder die Zugaben auf den rechten Stoffseiten der Seitenteile jeweils mit Textilkleber, kleben den Mittelstreifen rechts auf rechts mit den beiden Seitenteilen zusammen und lassen den Kleber gut trocknen.

Drehen Sie den Pferdekopf auf rechts.

Danach schneiden die Kinder aus den Stoffresten zwei Herzen aus und nähen diese jeweils an eine Seite des Pferdekopfes. Die Stiche können ruhig sehr unregelmäßig ausgeführt werden. Als Augen werden zwei Knöpfe, als Nasenlöcher zwei Perlen angenäht. Die Maullinie wird mit großen Stichen aufgestickt. Für die Zügel wird ein 70 cm langes Stück Paketschnur zugeschnitten; die Schnurenden werden jeweils an einem Maulwinkel festgenäht.

Dann stopfen die Kinder den Kopf bis zur Markierung am Hals mit Heu oder Holzwolle aus, stecken den Ast tief in das Heu und binden die Halsöffnung mit Paketschnur zu.

Zuletzt wird die Mähne aus Bast hergestellt. Hierfür schneidet man 50 bis 60 Baststücke von 30 cm Länge zu und zieht diese mit der Sticknadel am Hinterkopf durch den Stoff.

Leuchttürme

Material

Papprollen
Fotokarton weiß
Bleistift
Schere
Alleskleber
Korken in verschiedenen Größen
kleine Konservendosen
Plastikdeckel in verschiedenen Größen
Wattekugeln
Holzperlen
Acrylfarben weiß, rot, blau
Pinsel
Filzstift schwarz
Streichhölzer
Stecknadeln

Beim abendlichen Bad in der Wanne können diese phantasievoll gebauten Leuchttürme auf dem Badewannenrand platziert werden.

Zunächst müssen die Öffnungen der Papprollen verschlossen werden. Hierzu stellen Sie die Papprollen auf den Fotokarton und umfahren die Öffnungen mit einem Bleistift. Die Kinder schneiden die Kreise mit einer Zugabe von 1 cm aus. Dann wird die Zugabe in Abständen von 5 mm bis zur Kreislinie eingeschnitten. Die entstandenen Laschen werden umgeklappt. Anschließend setzen die Kinder jeweils einen „Deckel" auf eine Öffnung der Papprolle und befestigen die Laschen mit Alleskleber am äußeren Rollenrand.

Vor dem Bemalen und Zusammenkleben sollten die Leuchttürme probeweise zusammengestellt werden. Die Kinder können die Papprollen mit Korken, kleinen Konservendosen und Plastikdeckeln kombinieren. Auf die oberste Plattform des Leuchtturms wird ein kleiner Turm aus Korken, Wattekugeln und Holzperlen gestellt. Anschließend bemalen die Kinder die Einzelteile mit Acrylfarben. Nach dem Trocknen der Farbe malen sie die Fenster und Türen mit schwarzem Filzstift auf. Danach kleben sie alle Teile des Leuchtturms mit Alleskleber zusammen. Für das Geländer auf der obersten Leuchtturmplattform werden Stecknadeln oder Streichhölzer verwendet. Die Stecknadeln werden einfach in den Untergrund gesteckt, die Streichhölzer werden mit der Schere auf eine Länge von 2 cm gekürzt und mit Alleskleber aufgeklebt.

Achtung!
Wenn Sie mit kleineren Kindern arbeiten, sollten zur Dekoration nur gekürzte Streichhölzer ohne Kopf und keine Stecknadeln verwendet werden.

Kinderkleiderbügel

Material

Holzkleiderbügel
Schraubzwinge
Laubsäge
feines Schleifpapier
Acrylfarbe weiß, gelb, orange, rot, türkis
Pinsel
Transparentpapier
Bleistift
Kohlepapier
Kreppband
Filzstift schwarz
Klarlack
Dekoband
Schere
Glöckchen

Diese Strichmännchen sorgen in jedem Kinderzimmer für Ordnung.
Zunächst verkleinern Sie den Holzkleiderbügel auf eine für Kinderkleidung passende Größe. Hierzu befestigen Sie den Kleiderbügel mit einer Schraubzwinge an einem stabilen Tisch und sägen mit der Laubsäge an jedem Bügelende 7 cm ab. Die Schnittflächen glätten Sie mit feinem Schleifpapier.
Drehen Sie den Metallhaken aus dem Kleiderbügel heraus. Nun können die Kinder das Holz mit weißer Acrylfarbe grundieren; die Farbe gut trocknen lassen.
Danach werden die Strichmännchen mit Kohlepapier auf den Bügel übertragen (siehe Seite 9). Die Konturen der Motive werden mit schwarzem Filzstift nachgezogen. Natürlich können die

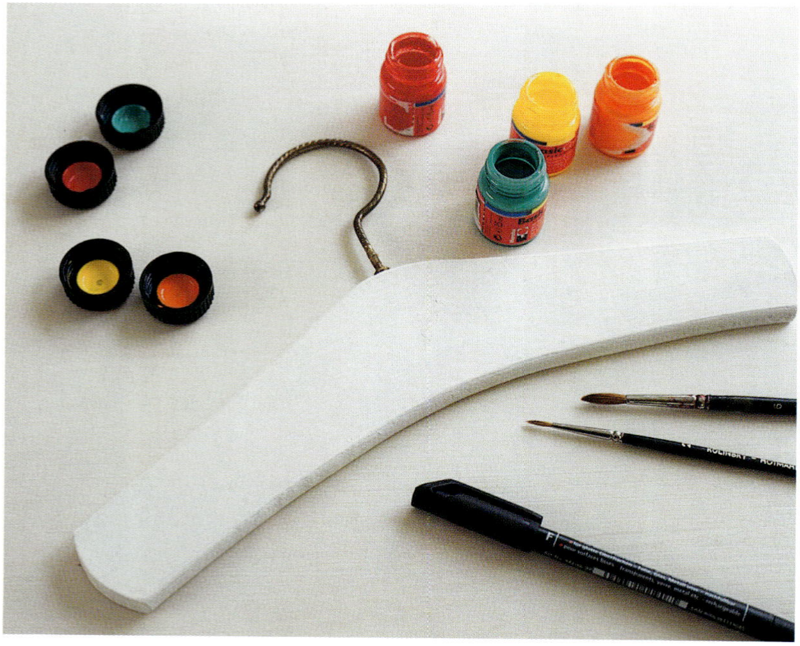

Kinder auch ohne Vorlage ganz nach Belieben Strichmännchen aufmalen.
Dann malen die Kinder die Männchen bunt mit Acrylfarben aus. Nach dem Trocknen der Farbe wird eine dünne Schicht Klarlack auf den Bügel aufgetragen. Anschließend setzen Sie den Metallhaken wieder ein.
Zum Schluss kann man ein Glöckchen an einem Stück Dekoband befestigen und dieses am Haken festbinden.

Die Deutsche Bibliothek – CIP-Einheitsaufnahme
Ein Titeldatensatz für diese Publikation ist bei Der Deutschen Bibliothek erhältlich.
ISBN 3-332-01325-4

www.dornier-verlage.de
www.urania-ravensburger.de
1. Auflage Februar 2002

Der Urania Verlag ist ein Unternehmen der Verlagsgruppe Dornier.

Umschlaggestaltung: Behrend & Buchholz, Hamburg
Fotos: Markus Hertrich
Modelle: Susanne Helmold
Lektorat: Berliner Buchwerkstatt, Ivana Jokl/Vera Olbricht
Layout: tiff.any GmbH, Berlin
Druck: Sachsendruck GmbH, Plauen
Printed in Germany

Gedruckt auf alterungsbeständigem Papier mit chlorfrei gebleichtem Zellstoff.

Die Schreibweise entspricht den Regeln der neuen Rechtschreibung.